# 中华人民共和国退役军人保障法
# 军队离休退休干部服务管理办法
# 退役军人、其他优抚对象优待证管理办法(试行)

中国法制出版社

**中华人民共和国退役军人保障法**
**军队离休退休干部服务管理办法**
**退役军人、其他优抚对象优待证管理办法（试行）**
ZHONGHUA RENMIN GONGHEGUO TUIYI JUNREN BAOZHANGFA
JUNDUI LIXIU TUIXIU GANBU FUWU GUANLI BANFA
TUIYI JUNREN、QITA YOUFU DUIXIANG YOUDAIZHENG GUANLI BANFA（SHIXING）

经销/新华书店
印刷/北京海纳百川印刷有限公司
开本/850 毫米×1168 毫米　32 开　　印张/1.5　字数/19 千
版次/2022 年 1 月第 1 版　　2022 年 1 月第 1 次印刷

---

中国法制出版社出版
书号 ISBN 978-7-5216-2459-5　　定价：6.00 元

北京市西城区西便门西里甲 16 号西便门办公区
邮政编码：100053　　传真：010-63141852
**网址：http：//www.zgfzs.com　　编辑部电话：010-63141673**
**市场营销部电话：010-63141612　　印务部电话：010-63141606**

（如有印装质量问题，请与本社印务部联系。）

# 目　录

# 中华人民共和国退役军人保障法

（2020年11月11日第十三届全国人民代表大会常务委员会第二十三次会议通过　2020年11月11日中华人民共和国主席令第63号公布　自2021年1月1日起施行）

## 目　　录

## 第一章　总　　则

**第一条**　为了加强退役军人保障工作，维护退役军人合法权益，让军人成为全社会尊崇的职业，根据宪法，制定本法。

**第二条**　本法所称退役军人，是指从中国人民解放军依法退出现役的军官、军士和义务兵等人员。

**第三条**　退役军人为国防和军队建设做出了重要贡献，是社会主义现代化建设的重要力量。

尊重、关爱退役军人是全社会的共同责任。国家关心、优待退役军人，加强退役军人保障体系建设，保障退役军人依法享有相应的权益。

**第四条**　退役军人保障工作坚持中国共产党的领导，坚持为经济社会发展服务、为国防和军队建设服务的方针，遵循以人为本、分类保障、服务优先、依法管理的原则。

**第五条**　退役军人保障应当与经济发展相协调，与社会进步相适应。

退役军人安置工作应当公开、公平、公正。

退役军人的政治、生活等待遇与其服现役期间所做贡献挂钩。

国家建立参战退役军人特别优待机制。

**第六条** 退役军人应当继续发扬人民军队优良传统，模范遵守宪法和法律法规，保守军事秘密，践行社会主义核心价值观，积极参加社会主义现代化建设。

**第七条** 国务院退役军人工作主管部门负责全国的退役军人保障工作。县级以上地方人民政府退役军人工作主管部门负责本行政区域的退役军人保障工作。

中央和国家有关机关、中央军事委员会有关部门、地方各级有关机关应当在各自职责范围内做好退役军人保障工作。

军队各级负责退役军人有关工作的部门与县级以上人民政府退役军人工作主管部门应当密切配合，做好退役军人保障工作。

**第八条** 国家加强退役军人保障工作信息化建设，为退役军人建档立卡，实现有关部门之间信息共享，为提高退役军人保障能力提供支持。

国务院退役军人工作主管部门应当与中央和国家有关机关、中央军事委员会有关部门密切配合，统筹做好信息数据系统的建设、维护、应用和信息安全管理等工作。

**第九条** 退役军人保障工作所需经费由中央和地方财政共同负担。退役安置、教育培训、抚恤优待资金主要由中央财政负担。

**第十条** 国家鼓励和引导企业、社会组织、个人等社会力量依法通过捐赠、设立基金、志愿服务等方式为退役军人提供支持和帮助。

**第十一条** 对在退役军人保障工作中做出突出贡献的单位和个人，按照国家有关规定给予表彰、奖励。

## 第二章 移交接收

**第十二条** 国务院退役军人工作主管部门、中央军事委员会政治工作部门、中央和国家有关机关应当制定全国退役军人的年度移交接收计划。

**第十三条** 退役军人原所在部队应当将退役军人移交安置地人民政府退役军人工作主管部门，安置地人民政府退役军人工作主管部门负责接收退役军人。

退役军人的安置地，按照国家有关规定确定。

**第十四条** 退役军人应当在规定时间内，持军队出具的退役证明到安置地人民政府退役军人工作主管部门报到。

**第十五条** 安置地人民政府退役军人工作主管部门在接收退役军人时，向退役军人发放退役军人优待证。

退役军人优待证全国统一制发、统一编号，管理使用办法由国务院退役军人工作主管部门会同有关部门制定。

**第十六条** 军人所在部队在军人退役时，应当及时将其人事档案移交安置地人民政府退役军人工作主管部门。

安置地人民政府退役军人工作主管部门应当按照国家人事档案管理有关规定，接收、保管并向有关单位移交退役军人人事档案。

**第十七条** 安置地人民政府公安机关应当按照国家有关规定，及时为退役军人办理户口登记，同级退役军人工作主管部门应当予以协助。

**第十八条** 退役军人原所在部队应当按照有关法律法规规定，及时将退役军人及随军未就业配偶的养老、医疗等社会保险关系和相应资金，转入安置地社会保险经办机构。

安置地人民政府退役军人工作主管部门应当与社会保险经办机构、军队有关部门密切配合，依法做好有关社会保险关系和相应资金转移接续工作。

**第十九条** 退役军人移交接收过程中，发生与其服现役有关的问题，由原所在部队负责处理；发生与其安置有关的问题，由安置地人民政府负责处理；发生其他移交接收方面问题的，由安置地人民政府负责处理，原所在部队予以配合。

退役军人原所在部队撤销或者转隶、合并的，由原所在部队的上级单位或者转隶、合并后的单位按照前款规定处理。

## 第三章 退役安置

**第二十条** 地方各级人民政府应当按照移交接收计划，做好退役军人安置工作，完成退役军人安置任务。

机关、群团组织、企业事业单位和社会组织应当依法接收安置退役军人，退役军人应当接受安置。

**第二十一条** 对退役的军官，国家采取退休、转业、逐月领取退役金、复员等方式妥善安置。

以退休方式移交人民政府安置的，由安置地人民政府按照国家保障与社会化服务相结合的方式，做好服务管理工作，保障其待遇。

以转业方式安置的，由安置地人民政府根据其德才条件以及服现役期间的职务、等级、所做贡献、专长等和工作需要安排工作岗位，确定相应的职务职级。

服现役满规定年限，以逐月领取退役金方式安置的，按照国家有关规定逐月领取退役金。

以复员方式安置的，按照国家有关规定领取复员费。

**第二十二条** 对退役的军士，国家采取逐月领取退役金、自主就业、安排工作、退休、供养等方式妥善安置。

服现役满规定年限，以逐月领取退役金方式安置的，按照国家有关规定逐月领取退役金。

服现役不满规定年限，以自主就业方式安置的，领取一次性退役金。

以安排工作方式安置的，由安置地人民政府根据其服现役期间所做贡献、专长等安排工作岗位。

以退休方式安置的，由安置地人民政府按照国家保障与社会化服务相结合的方式，做好服务管理工作，保障其待遇。

以供养方式安置的，由国家供养终身。

**第二十三条** 对退役的义务兵，国家采取自主就业、安排工作、供养等方式妥善安置。

以自主就业方式安置的，领取一次性退役金。

以安排工作方式安置的，由安置地人民政府根据其服现役期间所做贡献、专长等安排工作岗位。

以供养方式安置的，由国家供养终身。

**第二十四条** 退休、转业、逐月领取退役金、复员、自主就业、安排工作、供养等安置方式的适用条件，按照相关法律法规执行。

**第二十五条** 转业军官、安排工作的军士和义务兵，由机关、群团组织、事业单位和国有企业接收安置。对下列退役军人，优先安置：

（一）参战退役军人；

（二）担任作战部队师、旅、团、营级单位主官的转业军官；

（三）属于烈士子女、功臣模范的退役军人；

（四）长期在艰苦边远地区或者特殊岗位服现役的退役军人。

**第二十六条** 机关、群团组织、事业单位接收安置转业军官、安排工作的军士和义务兵的，应当按照国家有关规定给予编制保障。

国有企业接收安置转业军官、安排工作的军士和义务兵的，应当按照国家规定与其签订劳动合同，保障相应待遇。

前两款规定的用人单位依法裁减人员时，应当优先留用接收安置的转业和安排工作的退役军人。

**第二十七条** 以逐月领取退役金方式安置的退役军官和军士，被录用为公务员或者聘用为事业单位工作人员的，自被录用、聘用下月起停发退役金，其待遇按照公务员、事业单位工作人员管理相关法律法规执行。

**第二十八条** 国家建立伤病残退役军人指令性移交安置、收治休养制度。军队有关部门应当及时将伤病残退役军人移交安置地人民政府安置。安置地人民政府应当妥善解决伤病残退役军人的住房、医疗、康复、护理和生活困难。

**第二十九条** 各级人民政府加强拥军优属工作，为军人和家属排忧解难。

符合条件的军官和军士退出现役时，其配偶和子女可以按照国家有关规定随调随迁。

随调配偶在机关或者事业单位工作，符合有关法律法规规定的，安置地人民政府负责安排到相应的工作单位；随调配偶在其他单位工作或者无工作单位的，安置地人民政府应当提供就业指导，协助实现就业。

随迁子女需要转学、入学的，安置地人民政府教育行政部门应当予以及时办理。对下列退役军人的随迁子女，优先保障：

（一）参战退役军人；

（二）属于烈士子女、功臣模范的退役军人；

（三）长期在艰苦边远地区或者特殊岗位服现役的退役军人；

（四）其他符合条件的退役军人。

**第三十条** 军人退役安置的具体办法由国务院、中央军事委员会制定。

## 第四章 教育培训

**第三十一条** 退役军人的教育培训应当以提高就业质量为导向，紧密围绕社会需求，为退役军人提供有特色、精细化、针对性强的培训服务。

国家采取措施加强对退役军人的教育培训，帮助退役军人完善知识结构，提高思想政治水平、职业技能水平和综合职业素养，提升就业创业能力。

**第三十二条** 国家建立学历教育和职业技能培训并行并举的退役军人教育培训体系，建立退役军人教育培训协调机制，统筹规划退役军人教育培训工作。

**第三十三条** 军人退役前，所在部队在保证完成军事任务的前提下，可以根据部队特点和条件提供职业技能储备培训，组织参加高等教育自学考试和各类高等学校举办的高等学历继续教育，以及知识拓展、技能培训等非学历继续教育。

部队所在地县级以上地方人民政府退役军人工作主管部门应当为现役军人所在部队开展教育培训提供支持和协助。

**第三十四条** 退役军人在接受学历教育时，按照国家有关规定享受学费和助学金资助等国家教育资助政策。

高等学校根据国家统筹安排，可以通过单列计划、单独招生等方式招考退役军人。

**第三十五条** 现役军人入伍前已被普通高等学校录取或者是正在普通高等学校就学的学生，服现役期间保留入学资格或者学籍，退役后两年内允许入学或者复学，可以按照国家有关规定转入本校其他专业学习。达到报考研究生条件的，按照国家有关规定享受优惠政策。

**第三十六条** 国家依托和支持普通高等学校、职业院校（含技工院校）、专业培训机构等教育资源，为退役军人提供职业技能培训。退役军人未达到法定退休年龄需要就业创业的，可以享受职业技能培训补贴等相应扶持政策。

军人退出现役，安置地人民政府应当根据就业需求组织其免费参加职业教育、技能培训，经考试考核合格的，发给相应的学历证书、职业资格证书或者职业技能等级证书并推荐就业。

**第三十七条** 省级人民政府退役军人工作主管部门会同有关部门加强动态管理，定期对为退役军人提供职业技能培训的普通高等学校、职业院校（含技工院校）、专业培训机构的培训质量进行检查和考核，提高职业技能培训质量和水平。

## 第五章 就业创业

**第三十八条** 国家采取政府推动、市场引导、社会支持相结合的方式，鼓励和扶持退役军人就业创业。

**第三十九条** 各级人民政府应当加强对退役军人就业创业的指导和服务。

县级以上地方人民政府退役军人工作主管部门应当加强对退役军人就业创业的宣传、组织、协调等工作，会同有关部门采取退役军人专场招聘会等形式，开展就业推荐、职业指导，帮助退役军人就业。

**第四十条** 服现役期间因战、因公、因病致残被评定残疾等级和退役后补评或者重新评定残疾等级的残疾退役军人，有劳动能力和就业意愿的，优先享受国家规定的残疾人就业优惠政策。

**第四十一条** 公共人力资源服务机构应当免费为退役军人提供职业介绍、创业指导等服务。

国家鼓励经营性人力资源服务机构和社会组织为退役军人就业创业提供免费或者优惠服务。

退役军人未能及时就业的，在人力资源和社会保障部门办理求职登记后，可以按照规定享受失业保险待遇。

**第四十二条** 机关、群团组织、事业单位和国有企业在招录或者招聘人员时，对退役军人的年龄和学历条件可以适当放宽，同等条件下优先招录、招聘退役军人。退役的军士和义务兵服现役经历视为基层工作经历。

退役的军士和义务兵入伍前是机关、群团组织、事业单位或者国有企业人员的，退役后可以选择复职复工。

**第四十三条** 各地应当设置一定数量的基层公务员职位，面向服现役满五年的高校毕业生退役军人招考。

服现役满五年的高校毕业生退役军人可以报考面向服务基层项目人员定向考录的职位，同服务基层项目人员共享公务员定向考录计划。

各地应当注重从优秀退役军人中选聘党的基层组织、社区和村专职工作人员。

军队文职人员岗位、国防教育机构岗位等，应当优先选用符合条件的退役军人。

国家鼓励退役军人参加稳边固边等边疆建设工作。

**第四十四条** 退役军人服现役年限计算为工龄，退役后与所在单位工作年限累计计算。

**第四十五条** 县级以上地方人民政府投资建设或者与社会共建的创业孵化基地和创业园区，应当优先为退役军人创业提供服务。有条件的地区可以建立退役军人创业孵化基地和创业园区，为退役军人提供经营场地、投资融资等方面的优惠服务。

**第四十六条** 退役军人创办小微企业，可以按照国家有关规定申请创业担保贷款，并享受贷款贴息等融资优惠政策。

退役军人从事个体经营，依法享受税收优惠政策。

**第四十七条** 用人单位招用退役军人符合国家规定的，依法享受税收优惠等政策。

## 第六章 抚恤优待

**第四十八条** 各级人民政府应当坚持普惠与优待叠加的原则，在保障退役军人享受普惠性政策和公共服务基础上，结合服现役期间所做贡献和各地实际情况给予优待。

对参战退役军人，应当提高优待标准。

**第四十九条** 国家逐步消除退役军人抚恤优待制度城乡差异、缩小地区差异，建立统筹平衡的抚恤优待量化标准体系。

**第五十条** 退役军人依法参加养老、医疗、工伤、失业、生育等社会保险，并享受相应待遇。

退役军人服现役年限与入伍前、退役后参加职工基本养老保险、职工基本医疗保险、失业保险的缴费年限依法合并计算。

**第五十一条** 退役军人符合安置住房优待条件的，实行市场购买与军地集中统建相结合，由安置地人民政府统筹规划、科学实施。

**第五十二条** 军队医疗机构、公立医疗机构应当为退役军人就医提供优待服务，并对参战退役军人、残疾退役军人给予优惠。

**第五十三条** 退役军人凭退役军人优待证等有效证件享受公共交通、文化和旅游等优待，具体办法由省级人民政府制定。

**第五十四条** 县级以上人民政府加强优抚医院、光荣院建设，充分利用现有医疗和养老服务资源，收治或者集中供养孤老、生活不能自理的退役军人。

各类社会福利机构应当优先接收老年退役军人和残疾退役军人。

**第五十五条** 国家建立退役军人帮扶援助机制，在养老、医疗、住房等方面，对生活困难的退役军人按照国家有关规定给予帮扶援助。

**第五十六条** 残疾退役军人依法享受抚恤。

残疾退役军人按照残疾等级享受残疾抚恤金，标准由国务院退役军人工作主管部门会同国务院财政部门综合考虑国家经济社会发展水平、消费物价水平、全国城镇单位就业人员工资水平、国家财力情况等因素确定。残疾抚恤金由县级人民政府退役军人工作主管部门发放。

## 第七章 褒扬激励

**第五十七条** 国家建立退役军人荣誉激励机制，对在社会主义现代化建设中做出突出贡献的退役军人予以表彰、奖励。退役军人服现役期间获得表彰、奖励的，退役后按照国家有关规定享受相应待遇。

**第五十八条** 退役军人安置地人民政府在接收退役

军人时，应当举行迎接仪式。迎接仪式由安置地人民政府退役军人工作主管部门负责实施。

**第五十九条** 地方人民政府应当为退役军人家庭悬挂光荣牌，定期开展走访慰问活动。

**第六十条** 国家、地方和军队举行重大庆典活动时，应当邀请退役军人代表参加。

被邀请的退役军人参加重大庆典活动时，可以穿着退役时的制式服装，佩戴服现役期间和退役后荣获的勋章、奖章、纪念章等徽章。

**第六十一条** 国家注重发挥退役军人在爱国主义教育和国防教育活动中的积极作用。机关、群团组织、企业事业单位和社会组织可以邀请退役军人协助开展爱国主义教育和国防教育。县级以上人民政府教育行政部门可以邀请退役军人参加学校国防教育培训，学校可以聘请退役军人参与学生军事训练。

**第六十二条** 县级以上人民政府退役军人工作主管部门应当加强对退役军人先进事迹的宣传，通过制作公益广告、创作主题文艺作品等方式，弘扬爱国主义精神、革命英雄主义精神和退役军人敬业奉献精神。

**第六十三条** 县级以上地方人民政府负责地方志工作的机构应当将本行政区域内下列退役军人的名录和事

迹，编辑录入地方志：

（一）参战退役军人；

（二）荣获二等功以上奖励的退役军人；

（三）获得省部级或者战区级以上表彰的退役军人；

（四）其他符合条件的退役军人。

**第六十四条** 国家统筹规划烈士纪念设施建设，通过组织开展英雄烈士祭扫纪念活动等多种形式，弘扬英雄烈士精神。退役军人工作主管部门负责烈士纪念设施的修缮、保护和管理。

国家推进军人公墓建设。符合条件的退役军人去世后，可以安葬在军人公墓。

## 第八章 服务管理

**第六十五条** 国家加强退役军人服务机构建设，建立健全退役军人服务体系。县级以上人民政府设立退役军人服务中心，乡镇、街道、农村和城市社区设立退役军人服务站点，提升退役军人服务保障能力。

**第六十六条** 退役军人服务中心、服务站点等退役军人服务机构应当加强与退役军人联系沟通，做好退役军人就业创业扶持、优抚帮扶、走访慰问、权益维护等服务保障工作。

**第六十七条** 县级以上人民政府退役军人工作主管部门应当加强退役军人思想政治教育工作，及时掌握退役军人的思想情况和工作生活状况，指导接收安置单位和其他组织做好退役军人的思想政治工作和有关保障工作。

接收安置单位和其他组织应当结合退役军人工作和生活状况，做好退役军人思想政治工作和有关保障工作。

**第六十八条** 县级以上人民政府退役军人工作主管部门、接收安置单位和其他组织应当加强对退役军人的保密教育和管理。

**第六十九条** 县级以上人民政府退役军人工作主管部门应当通过广播、电视、报刊、网络等多种渠道宣传与退役军人相关的法律法规和政策制度。

**第七十条** 县级以上人民政府退役军人工作主管部门应当建立健全退役军人权益保障机制，畅通诉求表达渠道，为退役军人维护其合法权益提供支持和帮助。退役军人的合法权益受到侵害，应当依法解决。公共法律服务有关机构应当依法为退役军人提供法律援助等必要的帮助。

**第七十一条** 县级以上人民政府退役军人工作主管部门应当依法指导、督促有关部门和单位做好退役安置、教育培训、就业创业、抚恤优待、褒扬激励、拥军优属等工作，监督检查退役军人保障相关法律法规和政策措施落实情况，推进解决退役军人保障工作中存在的问题。

**第七十二条** 国家实行退役军人保障工作责任制和考核评价制度。县级以上人民政府应当将退役军人保障工作完成情况，纳入对本级人民政府负责退役军人有关工作的部门及其负责人、下级人民政府及其负责人的考核评价内容。

对退役军人保障政策落实不到位、工作推进不力的地区和单位，由省级以上人民政府退役军人工作主管部门会同有关部门约谈该地区人民政府主要负责人或者该单位主要负责人。

**第七十三条** 退役军人工作主管部门及其工作人员履行职责，应当自觉接受社会监督。

**第七十四条** 对退役军人保障工作中违反本法行为的检举、控告，有关机关和部门应当依法及时处理，并将处理结果告知检举人、控告人。

## 第九章 法律责任

**第七十五条** 退役军人工作主管部门及其工作人员

有下列行为之一的，由其上级主管部门责令改正，对直接负责的主管人员和其他直接责任人员依法给予处分：

（一）未按照规定确定退役军人安置待遇的；

（二）在退役军人安置工作中出具虚假文件的；

（三）为不符合条件的人员发放退役军人优待证的；

（四）挪用、截留、私分退役军人保障工作经费的；

（五）违反规定确定抚恤优待对象、标准、数额或者给予退役军人相关待遇的；

（六）在退役军人保障工作中利用职务之便为自己或者他人谋取私利的；

（七）在退役军人保障工作中失职渎职的；

（八）有其他违反法律法规行为的。

**第七十六条**　其他负责退役军人有关工作的部门及其工作人员违反本法有关规定的，由其上级主管部门责令改正，对直接负责的主管人员和其他直接责任人员依法给予处分。

**第七十七条**　违反本法规定，拒绝或者无故拖延执行退役军人安置任务的，由安置地人民政府退役军人工作主管部门责令限期改正；逾期不改正的，予以通报批评。对该单位主要负责人和直接责任人员，由有关部门依法给予处分。

**第七十八条** 退役军人弄虚作假骗取退役相关待遇的，由县级以上地方人民政府退役军人工作主管部门取消相关待遇，追缴非法所得，并由其所在单位或者有关部门依法给予处分。

**第七十九条** 退役军人违法犯罪的，由省级人民政府退役军人工作主管部门按照国家有关规定中止、降低或者取消其退役相关待遇，报国务院退役军人工作主管部门备案。

退役军人对省级人民政府退役军人工作主管部门作出的中止、降低或者取消其退役相关待遇的决定不服的，可以依法申请行政复议或者提起行政诉讼。

**第八十条** 违反本法规定，构成违反治安管理行为的，依法给予治安管理处罚；构成犯罪的，依法追究刑事责任。

## 第十章　附　　则

**第八十一条** 中国人民武装警察部队依法退出现役的警官、警士和义务兵等人员，适用本法。

**第八十二条** 本法有关军官的规定适用于文职干部。

军队院校学员依法退出现役的，参照本法有关规定执行。

**第八十三条** 参试退役军人参照本法有关参战退役军人的规定执行。

参战退役军人、参试退役军人的范围和认定标准、认定程序，由中央军事委员会有关部门会同国务院退役军人工作主管部门等部门规定。

**第八十四条** 军官离职休养和军级以上职务军官退休后，按照国务院和中央军事委员会的有关规定安置管理。

本法施行前已经按照自主择业方式安置的退役军人的待遇保障，按照国务院和中央军事委员会的有关规定执行。

**第八十五条** 本法自 2021 年 1 月 1 日起施行。

# 军队离休退休干部服务管理办法

（2014年9月23日民政部令第53号公布
2021年12月1日退役军人事务部令第5号
修订）

## 第一章 总 则

**第一条** 为了做好军队离休退休干部服务管理工作，根据《中华人民共和国退役军人保障法》和国家有关规定，制定本办法。

本办法所称军队离休退休干部，是指移交政府安置的由退役军人事务部门服务管理的中国人民解放军和中国人民武装警察部队离休退休干部（以下简称军休干部）。

**第二条** 军休干部服务管理应当从维护军休干部的合法权益出发，贯彻执行国家关于军休干部的法律法规和政策，完善军休干部服务保障和教育管理机制，落实军休干部政治待遇和生活待遇。

军休干部服务管理坚持政治关心、生活照顾、服务优先、依法管理的原则。

**第三条** 军休干部服务管理工作坚持党的领导，由退役军人事务部门主管，军休服务管理机构（以下简称军休机构）具体组织实施。

退役军人事务部门应当依法负责军休干部服务管理工作，及时研究解决存在的问题，监督检查军休服务管理相关法律法规和政策措施落实情况。

军休机构是服务和管理军休干部的专设机构，包括军休服务管理中心、军休所、军休服务站等，承担军休干部服务管理具体工作。

**第四条** 军休干部服务管理应当与经济发展相协调，与社会进步相适应，实行国家保障与社会化服务相结合。

**第五条** 对在军休干部服务管理中做出突出贡献的单位和个人，按照国家有关规定给予表彰、奖励。

## 第二章 服务管理内容

**第六条** 退役军人事务部门、军休机构应当加强军休干部思想政治工作，引导军休干部继续发扬人民军队优良传统，模范遵守宪法和法律法规，永葆政治本色。

**第七条** 退役军人事务部门、军休机构应当按照规定落实军休干部政治待遇，组织军休干部阅读有关文件、听取党和政府重要会议精神传达等。

退役军人事务部门应当主动协调当地离退休干部管理部门，将军休干部纳入本级老干部工作体系。

**第八条** 退役军人事务部门在国家、地方和军队举行重大庆典和重大政治活动时，应当按照要求组织军休干部参加。

**第九条** 退役军人事务部门应当协调当地人民政府和军队有关负责人，在八一建军节、春节等重大节日走访慰问军休干部。

**第十条** 退役军人事务部门应当按规定落实军休干部荣誉疗养制度，对服役期间或移交安置后作出突出贡献的军休干部，分层级、分批次组织疗养。

**第十一条** 军休机构应当做好以下服务保障工作：

（一）举行新接收军休干部迎接仪式。

（二）按时发放军休干部离退休费和津贴补贴，帮助符合条件的军休干部落实优抚待遇。

（三）协调做好军休干部的医疗保障工作，落实体检制度，建立健康档案，开展医疗保健知识普及活动，引导军休干部科学保健、健康养生。

（四）培育军休干部文化队伍，开展军休文化体育活动，引导和鼓励军休干部参与社会文化活动。

（五）开展经常性走访探望，定期了解军休干部情况和需求，提供必要的关心照顾。

（六）协助办理军休干部去世后的丧葬事宜，按照政策规定落实遗属待遇。

**第十二条** 退役军人事务部门、军休机构应当依法依规加强对军休干部参加社会组织、出国（境）、著作出书、发表言论等事项的管理，督促军休干部遵纪守法和遵守军休机构各项规章制度。

**第十三条** 退役军人事务部门、军休机构应当鼓励支持军休干部保持和发扬优良传统，发挥自身优势，继续贡献力量。

## 第三章 服务管理方式

**第十四条** 军休机构应当建立健全工作制度，为军休干部老有所养、老有所医、老有所教、老有所学、老有所为、老有所乐创造条件。

**第十五条** 军休机构应当建立值班制度，并采取定期联系、定人包户等方式，为军休干部提供及时、方便的日常服务保障。

**第十六条** 军休机构应当坚持共性服务和个性化服务相结合，为军休干部提供细致周到的服务。对失能、失智、重病、高龄、独居、空巢等军休干部，应当重点照顾并提供必要帮助。

**第十七条** 军休机构应当按照退役军人事务部门制定的规范标准，推进服务管理工作标准化建设，确保规范运行。

**第十八条** 军休机构应当推进社会化服务，根据需要引进医疗、养老、志愿服务等方面力量，为军休干部提供多元服务。

**第十九条** 退役军人事务部门、军休机构应当加强信息化建设，充分运用信息化技术，发挥军休安置服务管理信息系统、网络“军休所”等信息化平台作用，提高工作效率，实现精准服务。

**第二十条** 退役军人事务部门、军休机构应当推进军休老年大学建设，线上线下融合，扩大教学供给，提高办学水平，不断满足军休干部终身学习需求。

**第二十一条** 退役军人事务部门应当健全军休机构服务网格，加强军休干部服务保障。

**第二十二条** 军休干部管理委员会是在军休机构内军休干部自我教育、自我管理、自我服务的群众性组织。

军休机构内设有军休干部管理委员会的，军休机构党组织应当加强对军休干部管理委员会的领导，按照有关规定组织开展活动，发挥军休干部管理委员会的作用，定期听取军休干部管理委员会工作情况报告，研究解决其反映的问题。

## 第四章　军休机构建设

**第二十三条**　退役军人事务部门根据安置管理工作实际，按照统筹规划、合理布局、精干高效、便于服务的原则设置、调整军休机构。

**第二十四条**　军休机构实行法定代表人负责制，对重大问题实行科学决策、民主决策。

军休机构应当依法依规落实政策公开、财务公开、服务公开，接受军休干部和工作人员监督。

**第二十五条**　军休机构应当加强党组织建设，改进和创新军休干部党组织工作，落实党的组织生活制度，增强党组织的政治功能和组织力，使之成为组织、凝聚、教育军休干部和工作人员的坚强堡垒。

加强军休干部中的流动党员管理，将流动党员就近安排在暂住地军休机构党组织参加组织生活。

**第二十六条**　军休机构应当加强基础设施建设，设置会议室、活动室、阅览室、荣誉室等场所，根据军休干部特点和需求，因地制宜开展适老化改造，具备条件的可引进或设立养老、医疗、助餐等功能设施，建立必要的室外文化体育活动场地，创造良好休养环境。

**第二十七条**　军休机构应当按规定用好军休经费，加强军休经费和国有资产管理，提高使用效益，接受有关部门的审计监督。

**第二十八条**　军休机构应当加强军休干部档案管理。

**第二十九条**　军休机构应当加强安全管理，制定并落实卫生、灾害等突发事件应急预案，增强风险防控和应急处置能力，及时消除安全隐患，防止安全责任事故发生。

## 第五章　服务管理工作人员

**第三十条**　退役军人事务部门应当加强军休服务管理工作人员队伍建设，在编制员额内配齐配强工作力量，优化队伍结构。

**第三十一条**　军休机构在编制员额内新聘用工作人员，除国家政策性安置、按照人事管理权限由上级任命、涉密岗位等人员外，应当面向社会公开招聘，同等条件下优先聘用退役军人、军人家属。

**第三十二条** 退役军人事务部门可以通过引进专业化服务等渠道充实工作力量。

**第三十三条** 服务管理工作人员应当强化能力素质和作风纪律，树牢全心全意为军休干部服务的意识。

**第三十四条** 退役军人事务部门、军休机构应当定期开展教育培训、岗位练兵、业务竞赛等活动，提高工作人员思想政治素质、政策理论水平和服务管理能力。

**第三十五条** 退役军人事务部门应当建立以军休干部满意度为主要内容的服务管理工作监督考评体系，定期对军休机构及其负责人进行测评。

退役军人事务部门、军休机构应当建立工作人员绩效考核、岗位交流制度。对军休政策落实不到位、工作推进不力的人员，按照有关规定进行处理。

## 第六章 附 则

**第三十六条** 中国人民解放军和中国人民武装警察部队移交政府安置的退休军（警）士的服务管理参照本办法执行。

**第三十七条** 本办法自 2022 年 1 月 1 日起施行。

# 退役军人、其他优抚对象优待证管理办法（试行）

（2021年11月15日）

## 第一章　总　　则

**第一条**　为规范退役军人和烈士遗属、因公牺牲军人遗属、病故军人遗属等其他优抚对象优待证（简称优待证）制发、使用和服务管理，维护持证人权益，提高优待服务管理水平，依据《中华人民共和国退役军人保障法》和国家有关规定，制定本办法。

**第二条**　优待证分为“中华人民共和国退役军人优待证”、“中华人民共和国烈士、因公牺牲军人、病故军人遗属优待证”两种，分别面向符合条件的退役军人和烈士遗属、因公牺牲军人遗属、病故军人遗属等其他优抚对象发放。

本办法适用于优待证的申请、审核、制作、发放、使用、服务、管理及其它相关工作。

**第三条** 优待证是持证人彰显荣誉的载体、享受优待的凭证。

**第四条** 优待证服务管理工作坚持彰显荣誉、规范有序、精准动态、便捷安全的原则。

**第五条** 退役军人事务部负责指导全国优待证制发和服务管理工作，确定并适时调整合作银行范围。省（区、市）退役军人事务厅（局）负责明确本地区优待证服务管理具体要求，在退役军人事务部确定的合作银行范围内，确定本地区合作银行，推进优待证在本地区的使用。市、县退役军人事务局负责本地区优待证发放和服务管理工作。

**第六条** 优待证全国统一制发，统一式样，印有优待证种类名称、持证人姓名、持证人性别、持证人相片、发放单位等信息。

优待证全国统一编号并以加密方式储存于优待证芯片内，提供数据服务使用。

**第七条** 持证人应模范遵守法律法规，保守国家和军事秘密，践行社会主义核心价值观，积极参加社会主义现代化建设，在社会生活中发挥先锋作用，引领良好道德风尚，珍惜维护荣誉，爱惜优待证。

**第八条** 退役军人事务部加强优待证服务管理工作

信息化建设，建立完善全国优待证管理信息系统，为做好优待证服务管理工作提供支持。

## 第二章 功 能

**第九条** 优待证由退役军人事务部联合相关合作银行共同制作，优待证以银行借记卡为载体，不具备透支功能。

优待证关联的个人银行账户按相关规定管理。

合作银行按照国家有关要求做好金融功能相关的服务管理，配合做好优待证服务管理及优待项目拓展等工作，为持证人提供优先优惠等优待服务。

**第十条** 持证人凭优待证按照《中华人民共和国退役军人保障法》和国家有关规定，享受公共交通、文化、旅游等方面的优待服务。

国家将不断调整基本优待目录清单项目，以优待证为识别认证载体，充分发挥优待证服务使用功能，更好地为持证人服务。

**第十一条** 持证人凭优待证享受发放省份提供的优待服务。

鼓励各地在有条件的基础上，将本地提供的优待服务面向全国持证人开放。

**第十二条** 鼓励企业、社会组织等社会各界为持证人提供多元化优待服务。

**第十三条** 地方各级退役军人事务部门应积极推广优待证在本地区、相关行业领域的应用，不断扩大优待证使用范围、提高优待证知晓度。

在保持式样标准不变、主要功能不变、管理主体不变、工作流程不变的前提下，可以通过优待证搭载其他公共服务功能。

**第十四条** 退役军人事务部适时推出电子优待证，实现持证人信息在线查验、优待项目线上服务与线下渠道有效衔接等功能。

**第十五条** 在基于优待证开展金融领域应用时，应当按照网络安全、个人信息保护等法律法规和国家有关规定要求，履行个人金融信息保护责任，切实保障持证人资金与信息安全。

**第十六条** 各级退役军人事务部门应逐步实现通过优待证关联的个人银行账户发放抚恤补助金、慰问金等。

## 第三章 申　　请

**第十七条** 退役军人和烈士遗属、因公牺牲军人遗属、病故军人遗属等其他优抚对象原则上应向户籍地乡镇（街道）退役军人服务站提出申请。不在户籍地常住的，可向常住地乡镇（街道）退役军人服务站提出申请。

本办法施行后，安置地退役军人事务部门接收退役军人时，可依对象本人意愿完成申领。

无民事行为能力或限制民事行为能力人，需由监护人提出申请。

**第十八条** 两种优待证申领条件均符合的申请人，可根据意愿申领其中一种。

具有双重或多重身份的对象，其相关身份均写入优待证芯片，按规定享受相应的优待服务。

**第十九条** 申请人可申请由户籍地或常住地省份发放优待证。

若申请由常住地省份发放优待证，应符合常住地省（区、市）退役军人事务厅（局）有关规定。如不符合常住地省（区、市）退役军人事务厅（局）有关规定，可根据申请人意愿转为申请户籍地省份发放优待证。

**第二十条** 申请人提出申请前，应建档立卡。

申请人完成建档立卡后，可通过互联网提出线上申请，也可向户籍地或常住地乡镇（街道）退役军人服务站提出申请。

**第二十一条** 本人提出申请的，需提供居民身份证、近期 1 寸白底免冠电子相片等相关证件或材料。

委托他人申请的，受托人还需提供受托人居民身份证及委托书等相关证件或材料。

## 第四章 审 核

**第二十二条** 乡镇（街道）退役军人服务站对符合受理条件的，应检查申请材料内容是否完备、申请优待证种类是否明确等。

符合要求的，提交县退役军人服务中心核实。

**第二十三条** 县退役军人服务中心依据申请材料，核实对象身份是否真实、申请优待证种类是否准确等。符合要求的，报县退役军人事务局初审。

初审通过的，报市退役军人事务局审核。

审核通过的，报省（区、市）退役军人事务厅（局）备案。

初审通过后，应在 30 个工作日内完成审核及备案。

**第二十四条** 申请由常住地省份发放优待证的，由常住地所在省（区、市）退役军人事务厅（局）负责审核、备案。

**第二十五条** 申请人有下列情形之一的，审核不予通过。

（一）服役期间被部队除名、开除军籍的；

（二）处于被剥夺政治权利期限内的；

（三）处于服刑、羁押、通缉期间的。

**第二十六条** 申请人受过刑事处罚、被开除中国共产党党籍、被开除公职或存在严重影响身份荣誉的其他情形的，由省（区、市）退役军人事务厅（局）综合考虑相关因素进行审核，审核情况报退役军人事务部备案。

**第二十七条** 省（区、市）退役军人事务厅（局）备案后，将制证所需信息提供给合作银行。合作银行依照有关法律法规规定予以办理。

**第二十八条** 省（区、市）退役军人事务厅（局）应定期将优待证制发情况报退役军人事务部。

**第二十九条** 对未受理或未通过核实、初审、审核的，受理申请的退役军人服务站应及时向申请人反馈情况，并作出说明。

## 第五章 制 发

**第三十条** 省（区、市）退役军人事务厅（局）

监督有关单位按照《中国金融集成电路（IC）卡规范》等相关要求和标准制作优待证，确保数据存放、传输、使用安全。

**第三十一条**　受理申请的退役军人服务站在收到优待证时，应做好登记并清点数量、检查外包装是否破损等。

受理申请的退役军人服务站一般应在收到优待证后10个工作日内通过主动送达、集体颁发或双方约定的其他方式发放，并做好登记。

退役军人服务站收到优待证3个月后仍无法联系到申请人的，应将该优待证逐级上交至省（区、市）退役军人服务中心。

**第三十二条**　申请人收到优待证核对证面信息无误后，按照有关规定激活金融功能。

证面信息有误的，申请人应及时联系受理申请的退役军人服务站，交回已领优待证，并由省（区、市）退役军人事务厅（局）按相关程序重新制作。

## 第六章　补　　换

**第三十三条**　优待证遗失后，持证人应及时告知受理申请的退役军人服务站，并按照银行有关规定挂失。

**第三十四条** 优待证遗失的，持证人可在办理正式挂失手续后，提出补领申请。

补领新证后找回原证的，持证人应当将原证交回受理申请的退役军人服务站。

**第三十五条** 出现下列情形之一的，持证人可以申请更换优待证。

（一）优待证损坏不能在读卡设备上正常读取的；

（二）优待证证面污损、残缺，信息无法辨认的；

（三）优待证证面信息需要变更的；

（四）持证人户籍地或常住地省份发生变化的；

（五）两种优待证申领条件均符合的持证人需要变更优待证种类的；

（六）其他需要更换的情形。

出现前款第一项、第二项情形的，持证人应持本人居民身份证到合作银行更换；出现前款第三项、第四项、第五项、第六项情形的，持证人应向受理申请的退役军人服务站提出更换申请，并按有关规定办理。

**第三十六条** 需要变更优待证发放省份的，持证人应先取消相应的银行金融账户，凭银行出具的金融账户取消证明申请更换。

**第三十七条**　持证人在申请更换优待证时，须交回原持有的优待证。

**第三十八条**　优待证首次申领免费。

因优待证卡片质量问题造成无法使用的，按相关金融规定认定后，可免费更换；符合第三十五条第三项、第四项、第五项情形的，可免费更换。

除上述情形外，需要更换或补领的，相关费用按照合作银行有关规定执行。

## 第七章　收　　回

**第三十九条**　持证人存在下列情形之一的，经省（区、市）退役军人事务厅（局）批准，由受理申请的退役军人服务站收回其优待证，并报退役军人事务部备案。

（一）伪造、变造、买卖、出租、出借优待证的；

（二）使用虚假证明材料骗领优待证的；

（三）户籍注销的；

（四）被剥夺政治权利的；

（五）处于服刑、羁押、通缉期间的；

（六）被开除中国共产党党籍或者被开除公职的；

（七）存在严重影响身份荣誉的其他情形的。

**第四十条** 确认收回的，省（区、市）退役军人事务厅（局）及时通知合作银行暂停应收回优待证的非柜面业务办理功能；仍有相关金融功能需要使用的，由合作银行在完成金融功能转移后协助收回。

**第四十一条** 收回的优待证，由省（区、市）退役军人服务中心负责登记销毁。

**第四十二条** 持证人被收回优待证后，相关情形消失、能够主动改正错误并积极消除负面影响的，可以重新申请优待证，由省（区、市）退役军人事务厅（局）综合考虑相关因素进行审核，审核情况报退役军人事务部备案。

## 第八章 监督管理

**第四十三条** 对伪造、变造、买卖、出租、出借优待证，故意污损、划刻、破坏优待证或者恶搞、丑化、玷污优待证形象，将优待证用于商业、娱乐活动，以及其他不恰当使用优待证的行为，各级退役军人事务部门应当及时予以制止、督促纠正、批评教育。涉嫌违法犯罪的，依法协调相关部门处理。

**第四十四条** 省（区、市）退役军人事务厅（局）

应定期会同同级公安、民政、人力资源社会保障等部门对生存、婚姻、社保等信息进行比对，及时更新对象信息，实现精准管理。

**第四十五条** 各级退役军人事务部门、退役军人服务中心（站）以及有关单位的工作人员，在优待证服务管理工作中应按照职能职责做好工作。对因履职不力造成严重社会影响的，依法依规问责追责。

**第四十六条** 地方各级退役军人事务部门可委托所属退役军人服务中心协助配合开展有关工作。

**第四十七条** 各级退役军人事务部门、退役军人服务中心（站）应采取技术手段和服务管理措施，保护持证人个人隐私，依法使用有关信息。

**第四十八条** 各级退役军人事务部门、退役军人服务中心（站）、合作银行应加强合作，共同建立服务体系，及时解答对象关于优待证申请使用、优待政策、优待项目等咨询，妥善处理投诉，建立办理反馈机制，主动接受社会监督。

## 第九章 附 则

**第四十九条** 本办法所指的烈士、因公牺牲军人、病故军人的遗属，是指烈士、因公牺牲军人、病故军人的配偶、父母（抚养人)、子女，以及由其承担抚养义务的兄弟姐妹。

**第五十条** 军级以上退休干部在移交省军区系统后申领优待证的，具体由省军区（卫戍区、警备区）政治工作部门与省（区、市）退役军人事务厅（局）对接办理。

**第五十一条** 中国人民武装警察部队依法退出现役的警官、警士和义务兵等人员，适用本办法。

**第五十二条** 本办法自印发之日起施行。